现代铁道大发现

赖怡君 著　米奇奇 绘

人民文学出版社
PEOPLE'S LITERATURE PUBLISHING HOUSE

现代火车的意义转变：
从工业到旅行

　　"火车快飞，火车快飞，穿过森林，越过原野……"这是一首儿歌歌词。大家也像歌词说的一样，搭火车去外地旅行吗？其实，现代火车的功用，已经跟过去的火车有着很大的不同了。

　　过去，就有人搭火车旅行，不过更像是代步。现在利用火车旅行的人也不少，但形态大大改变。比如日本九州就推出豪华的火车旅游行程，让搭乘火车的旅客，享有不亚于高级度假饭店的舒适。即便价格高昂，也还是供不应求。

　　提到现代火车，就不得不把焦点放在高速铁路上。高速铁路的出现，象征人类科技与文明的再进化。高铁的快速，甚至改变了人们搭乘交通工具的习惯，有些原本依赖短程飞机的路线，在高铁通车以后，就逐渐没落了。

现代的火车，除了既有的运输功能，更被赋予观光与城市进步的使命。本来交通和观光都是兴建铁路的重要目的，然而，我们也常在电影中看到，某些场景会利用火车作为逃离文明社会的象征。火车本身带给人们的便利无庸置疑，但随着火车发展带来的改变，有时候也是我们难以估计的。

　　期许这样的科普漫画，可以作为小朋友喜欢科学的起步：通过有趣动人的漫画，深入浅出地诉说各种应用在现代火车的科学知识，让每个小读者，都能因此对科学产生兴趣，自然而然地走进科学世界。

文房文化副总编辑

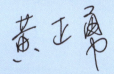

人物介绍

艾心博士

艾咪

女，12岁，145CM，35KG，小学六年级学生。

运动全才，虽然瘦小但臂力惊人。个性好强激不得，尤其不想输给从小到大的死对头同学霍华。

女，35岁，170CM，美丽与聪明兼具的科学博士。

常穿白袍，足蹬高跟鞋。平常看似理性，但遇到可以探究科学知识的机会，就会着魔似的激动。她是艾咪的姑姑，也是艾咪每次跟霍华对抗时的求救对象。

宝宝叽

性别年龄不详，球体直径约 30CM。外形超萌的邪恶外星人，来自里不里都星球。

外形圆润娇小，因此常被同伴嘲笑，立志要征服地球得到同伴的尊敬。艾咪用一根手指就能阻挡它前进。艾心博士一看到它就会像看到宠物般宠溺地揉它，完全不把它当成危险的敌人。

霍华

男，12 岁，155CM，45KG，小学六年级学生。

聪明机智，爱跟艾咪斗嘴，也爱耍花招引起同学注意，实则因为来自隔代教养家庭，父亲常出国，缺乏双亲关爱，所以特别想得到别人的关注。

目录

速度对决！到底谁比较快？（上）

霍华，15秒03！

比去年艾咪的纪录还快了3秒！

全班最快！

其实，去年是我故意让她的。

不要挡在跑道上啦！

哦，艾咪也有紧张的时候啊？

哼

砰

我没告诉你们吗？其实去年我根本没有认真跑！

要是我认真起来，

哼，艾咪的纪录根本不算什么啦！

艾咪，14秒53。

霍华真奇怪，今年怎么会突然想参加运动会？以前根本没有那么认真过。

爸，运动会那一天，你会代表家长会演讲对吧？要留下来看比赛哦！

因为，我会上场比赛！

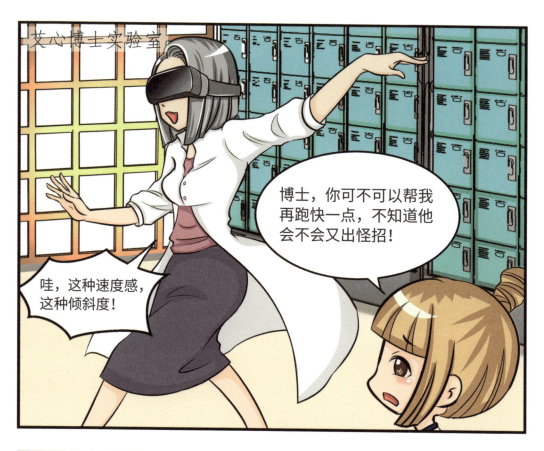

总之，自此之后我就迷上了高铁，

果然，速度也是火车的魅力之一啊！

到底坐了多少次高铁啊……

别问了，你不是想加快速度吗？高铁给了我启发，我可以让你赢过艾咪！

是吗？我严重怀疑。

为什么高铁比台铁快呢？

艾咪，我问你哦，为什么一样是火车，高铁就比台铁快呢？

啊，这不是常识吗？高铁就是比较快啊！

嗬，我是问你为什么啦？

笨蛋艾咪，你回答不出来吧！

你说什么？！

因为啊，它们想要达成的目的不同。
高铁的诉求是长途停站少，而台铁的营运速度较低，服务
地方化。而且它们的轨道距离跟车体都不一样啊！

霍华说得很对哦！还记得之前第一本的时候，我们说过轨距不同，会影响速度吗？
台铁采用 1067mm 轨距（窄轨），高铁是 1435mm（标准轨），轨距对列车营运速度的影响颇大，而且高铁的重心比较低，行车稳定，速度当然可以提高！

对啊，你知道吗？台铁最快的列车自强号，最高时速 130 公里，高铁的时速则是将近 300 公里，差很多呢。

而且艾咪你发现了吗？高铁路线大多是直线，尽量减少过弯路段及弯曲程度，这样才能高速跑在轨道上，否则列车高速弯来弯去非常危险！

而且啊，高铁和台铁的车辆重量不太一样，高铁车体是采用比较轻，但兼具强度的铝合金打造，并且设计成流线型，减少行车阻力。

哦，难怪会跑得比较快！

我就说了吧！

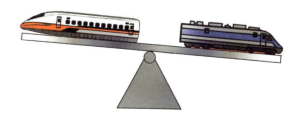

你还没说，为什么我要学普悠玛号，才可以跑得比较快？

现代火车最大的特色，就是追求高速，

台湾的高铁除了使用特殊的列车，还造了全新的高速轨道，但这样很耗费成本。

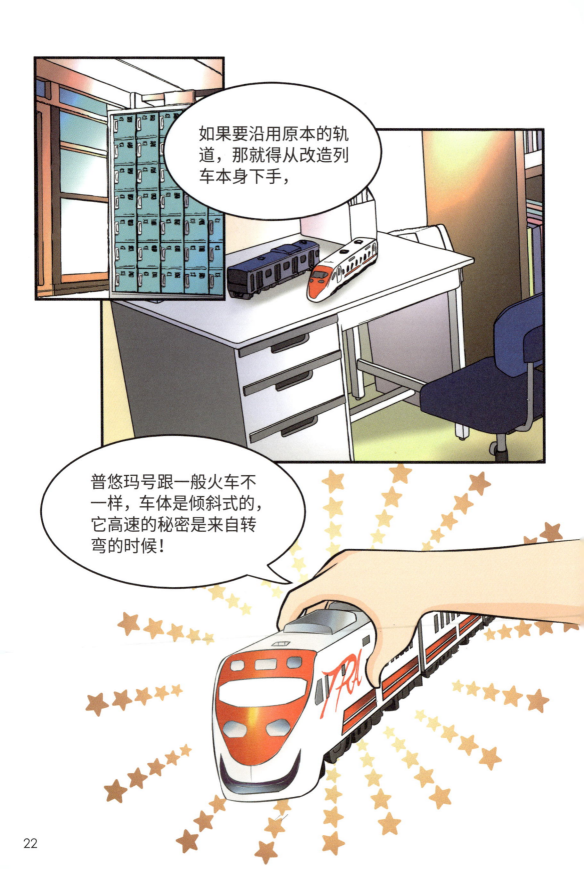

如果要沿用原本的轨道，那就得从改造列车本身下手，

普悠玛号跟一般火车不一样，车体是倾斜式的，它高速的秘密是来自转弯的时候！

转弯？

你想想，你站在公交车上时，如果转弯的时候公交车没减速，是不是很容易跌倒？

对。

那是因为惯性的关系。车上的乘客还在因为惯性而直线前进，但是车子却转弯了，两者方向不一致，才会跌倒。

也可以说，转弯的时候产生了把乘客向外推的离心力，所以转弯的时候一般来说要减速。

天啊！好复杂——

相信我，这是里不里都星的超弹力材质，跑在上面保证你脚步轻盈！

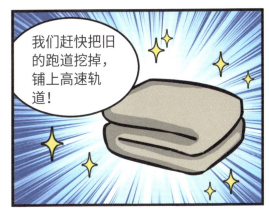

我们赶快把旧的跑道挖掉，铺上高速轨道！

我就相信你这一次哦，别骗我！

KUANG

KUANG

KUANG

KUANG

看来，人类的骨骼还是有极限的，不能像机械一样操作啊，呵呵。

姑姑你还笑，我都受伤了！

最后，艾咪跟霍华都没有上场比赛，由其他同学递补……

艾心博士小教室

假想的离心力和交通工具

 我问你们哦，前面讲到的离心力，是不是就是在云霄飞车转弯时，那种快被丢出去的感觉啊？

 嗯？应该很像吧！拉离中心的力量？

 虽然它的名字叫离心"力"，但是也有人说离心力不算是一种力，这是一种"使旋转的物体远离它的旋转中心"的假想力。

 假想？假的吗？

 因为它不是实际存在的一个力量，并不是有一个力道把你从原来的地方推出去的，所以也被说是假想力。

 好神奇！居然是一种假想的力量。

 原则上，还是一种符合惯性的现象呀！

 也就是说，是说法上的问题对吗？　 对的。

其他交通工具也有离心力吗?

 像是汽车转弯时,因为轮子无法像机车一样自由地倾斜,车身会有"向外倾"的趋势。所以现在的汽车,轮子和车身之间装有气垫,坐起来不会那么不舒服。

 但是我坐公交车转弯时,还是觉得好像快被丢出去一样!

 对啊,因为比较大或者重心位置比较高的车子,快速过弯时,惯性及外倾力量大,这时就有可能看到外倾的现象。

 难怪有一些赛车的跑道,转弯的道路做成斜斜的,就是要让赛车过弯时不会飞出去吗?

 哇,艾咪很棒,越来越会举一反三了。

 那我有一个问题!如果啊,转弯的时候会让速度降低的话,火车干嘛不都做直的轨道就好? 这什么笨问题啊?不是刚才变聪明了吗?

 艾咪说得没错,所以高速铁路都会尽量减少弯曲的路线。 对啊,高铁的轨道大部分都是直的。

 像是英国就很难建造高铁,因为很多铁路都是很久以前建造的,这些路线都在热闹的城市里,不管是房子还是人都很多,要重建成直直的轨道比较困难,还要花费大量经费。

 原来如此!

如果高铁变成人（上）

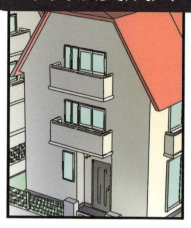

总司令，接下来的展示，要请您盯紧屏幕了。

看得见吗？

超过 200 公里的时速，对您老人家的眼睛来说，可能有点吃力……

宝宝叽，说重点！

37

吸

喷射

珍珠奶茶

的珍珠那么大颗，是不是故意要谋害我？

我没有啊……

来人啊，快来帮我检查，珍珠奶茶是不是卡到我的鼻孔里去了？！

怎么办，被总司令列入黑名单了！要是没有完成任务，很快就要回去啦。

可是人类是无辜的，要怎样中断高铁，又不伤害到人类呢？

不行，使用这些道具都会死伤惨重！

拟人转化器？

嗯，好像可以派上用场！

铃——

铃——

博士，你赶快打开电视，发生交通大事了！

NEWS

今早的新闻，各国高铁离奇失踪，不管是日本、德国、法国、中国的高铁，都凭空消失了！

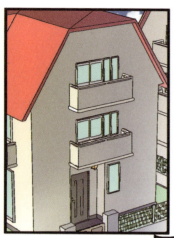

你们乖乖听话喔!

站住!

痛痛痛!

被我们逮到了吧!

宝宝叽,你为什么要绑架这些人?

等一下,你们听我解释!

他们该不会是高铁公司的重要人物吧?快放开他们!

45

还不是因为我们总司令又施加压力，让我一定要破坏高铁，所以我就想，有没有不会伤害人类，又破坏高铁的方法。

那我倒是要问问你，

啊……

这个人是哪一种高铁？

说啊，说不出来了吧。

哎哟，我发射转化器以前没做记号，现在已经弄混了啦——

宝宝叽，别担心，我有方法！

博士要怎样解决高铁全部消失的危机呢？请看下集！

艾心博士小教室

世界铁路之最!

大家都认识了许多现代的铁路和火车,这里跟你们分享世界各国的铁路之最哦!这章里面,大家认识了许多高速铁路,那你们知道,全世界最早的高速铁路系统出现在哪一个国家吗?

这我知道,它出现在 1964 年 10 月时的日本,是日本东海道新干线 0 系,一开始时以 210 公里的时速运行。

博士,那全世界海拔最高的铁路呢?

是位于青藏高原的青藏铁路,最高点在唐古拉山口,海拔有5072 米。

那,全世界最长的陆上铁路隧道在哪里呢?

是瑞士的圣哥达基线铁路隧道(Gotthard Base Tunnel),长 57.1 公里。

还有，世界最长的海底隧道在哪里呢？

 是位于日本的青函海底隧道，从北海道的函馆通到本州岛的青森，长 53.85 公里。

 那么，现在世界最快的高铁在哪里呢？

 现在日本、法国、德国、西班牙，均将高铁的时速限制在 320 公里以内。中国大陆的京津线，以时速 350 公里营运。

 那世界最长的铁路在哪里呢？

 西伯利亚大铁路是世上最长的铁路，全长 9288 公里，跨越 8 个时区，全程历时 7 天。

 好的好的（收拾行李），说走就走！

 又想跑到哪里去你！

只要好好观察他们的外形还有言语举止，就可以知道他们是哪一国的高铁了！

是这样吗？像这位年纪最大的先生，一直在看手表……

不行啊！迟到了怎么得了……

你们赶快放我回去！

这么怕迟到……

一定是日本新干线！误差不能超过 12 秒！

51

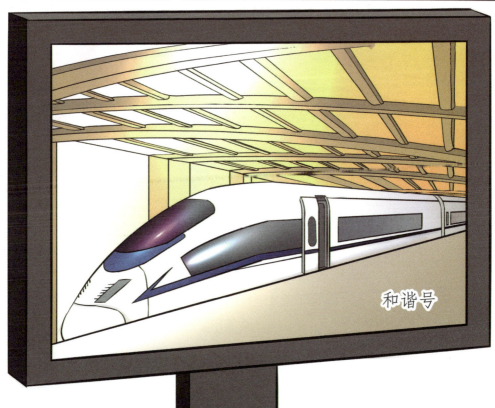

和谐号

57

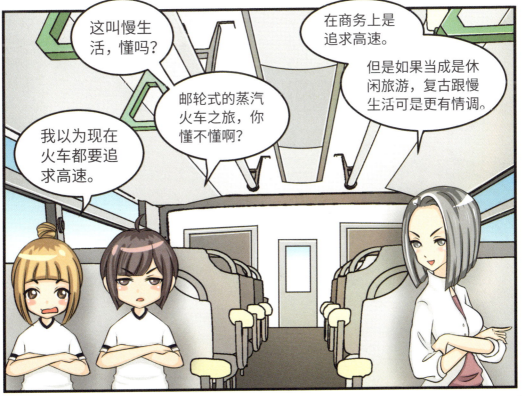

以前有些英国人到上海居住，把英式的建筑特色融入上海建筑之中。英国建筑为了增加采光和通风，会在屋顶上开设屋顶窗。

而英文的屋顶就是"ROOF"

跟上海话的"老虎"听起来很像，所以这种开在屋顶的窗户就叫作"老虎窗"。

原来是这样。

史上最快的火车：磁浮列车

我曾经听说过有一种车叫作磁浮列车，听说已经都超越了高速铁路的速度了！

没错，因为磁浮列车没有轮胎，轨道的磁力使列车悬浮在空中，行进时不会接触到地面，没有摩擦力，当然很快！磁浮列车是种靠磁浮力来推动的列车，最高时速理论上可以达到 600 公里以上，比轮轨式高速列车的最高时速 574.8 公里更快。

浮在空中的列车？酷啊！是什么原理啊？

长久以来，一般火车与铁路之间的摩擦力，限制了火车的最高速度，所以人们便开始研究能悬浮于路轨之上的火车，于是便有了磁浮列车的出现。

顾名思义，磁浮列车是利用磁力使火车悬浮于路轨之上。如果用一般的磁铁，并不能把火车稳定地浮起来。要是你将两块磁铁的北极互斥，你会发现，没办法让一块磁铁稳定地浮在另一块上。所以，要把火车浮起，并不是想象中那样简单。

真正的磁浮列车是如何浮起来的？德国科学家设计了一个系统，用"电磁力悬浮法"(EMS) 把火车浮起。在这个系统中，火车的底部包着一条导轨，在火车底部起落架的电磁铁向着导轨，磁力使火车悬浮在导轨之上。

上次我爸爸搭过上海的磁浮列车，很安静呢，几乎听不到声音。它是全世界第一个将磁浮列车投入营运的地方。爸爸说，平常从上海市区去机场，坐一般地铁要三十分钟，坐磁浮列车只要七分钟！

这么快！吓坏我了！

还有人研究真空磁浮列车，连空气阻力也减少了，速度甚至比飞机更快！

这么好的话，为什么不把所有的铁路，都改成磁浮列车呢？

因为磁浮列车的建造费用太高了，大大限制了它的发展。磁浮列车有着快速、安静、无污染与节省能源等优点，正好弥补了现今铁路运输系统的不足，而现今科技一日千里，相信在不久的将来，你我都一定能够有机会搭乘磁浮列车哟！

上海磁浮列车的瞬间速度，时速可以高达431公里。（感谢陈妍妏提供照片）

报告总司令，破坏高铁的计划失败。

是因为我方行动被艾心博士拦截……

是这样吗？

我倒要听你说说，这些照片是怎么回事。

你为了帮霍华赢得比赛，熬夜改造操场的跑道。

那是……要取得他的信任。

你老实承认！你是不是对地球人产生感情了？

我……

梦幻渐层彩色珍珠，

您看到了吗，拿这自拍可以得到很多点赞哦……

不要转移话题！

69

77

艾 心 博 士 小 教 室

火车和地铁住在哪里？
它们生病了怎么办？

博士，地铁平常在哪里休息啊？它们有停车场吗？

不就是停在最后一站吗？还要特别找停车场吗？

当然要停车场啰，事实上，火车和地铁每天都要搭载很多人，是一定要每天保养和修理的哦！

好像医院哦！

对啊，除了今天我们来的北投机厂之外，台北市信义区还有一个火车医院喔，叫作台北机厂，不过现在转变成博物馆，对外开放参观。

这个地方非常大，共分为组立工场、锻冶工场、板金工场及客车工场 4 个主要工区，里头肩负着火车组立装设与维修保养的重要任务，所以有着火车医院的昵称。

我好像听说过啊，是不是拍过电影啊？

对啊，里面的员工澡堂，是台北机厂内第一个被评选为古迹的建筑喔，也因周杰伦的电影《天台》与演员斯嘉丽主演的《超体》在此取景而名声大噪！

 早期火车维修零件大多是自己做的，而锻冶工场就是负责制造各式螺栓零件的，场内还有座 1889 年德国制的蒸汽锤，很珍贵呢。

 之后，台北机厂不再负责维修，转成古迹之后，火车的维修工作就转到台铁富冈车辆基地。这是台湾最大的火车保修厂，被铁道迷称作桃园的新火车医院。

 宝宝叽你怎么都不讲话啊？

 又多了太多打卡景点，笔记重点太多，有机会请博士带我们去吧！

 好啊，说走就走，这周就去吧！

 好——

重复 150 次的工作

86

北区地铁电联车驾驶产业工会做了一项统计，

刚刚说的所有作业流程，地铁司机一天至少要重复150次。

150次！

在工会宣传的广告里面提到，司机每天需要"150次的起身坐下、150次的开关门、150*8=1200次的指差确认、141*8=1128米的到站折返路程、终点站清车、发车前准备，都是每天的例行公事"。

艾心博士小教室

确保安全的指差确认制度

我本来以为火车或者地铁渐渐自动化之后，司机就轻松多了，没想到还真是很辛苦的呢！

对啊，载送很多人的交通工具，难免会有很多意想不到的事情会发生呀！

说到这个，我上个星期跟爸爸去日本的时候，看到铁道司机的手势好多啊！回来后观察地铁的司机才发现，这些动作在台北地铁也有啊。

其实，电车停靠之后，司机的一系列手势并不是和大家打招呼或是什么花哨动作，而是在进行名为"指差确认"的职业安全动作。手势简单，实际上却和大家的安全有着很大的关联哦！

这是谁发明的呢？

日本人在明治维新后开始引进火车，然而由于不熟悉操作技术，常发生许多意外，于是就将欧洲的"指差确认"制度带入日本。如今这套制度在欧洲已经停用，日本却将其发扬光大，成为独树一帜的行前确认，最后影响到周遭的韩国、中国等亚洲国家。

现在连一部分的台北市公交车也跟进了！

难怪我上次看到司机先生在那边自言自语，边指方向边说"左边没人，右边没人"才开车，原来是为了安全！

没错！指差确认是一种通过身体各种感官（包括视觉、大脑意识、身体动作、口诵及听觉）协调并用，以增加操控器械的注意力的职业安全动作方法，一部分的建造业和制造业也会这样做。

我倒是觉得很帅，下次看到司机这样做的时候，我要向他们敬礼！

敬礼！

谁说女生不能开火车？

不是要去看女司机吗？我们为什么还要回到2010年，偷看这个女生啊？

2010年到2011年，台铁录取了一百多年来头两位女司机。

所以，她就是其中一位！

没错！

那，她为什么要练握力？

嗯？她怎么了？

咳，因为一趟车开下来，从北到南至少也要五六个小时。

对女司机来说，要"方便"，是真的一点都不方便……

听到了吗？除了握力，还要练憋尿功。

你很无聊。

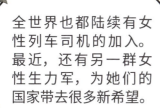

全世界也都陆续有女性列车司机的加入。最近，还有另一群女性生力军，为她们的国家带去很多新希望。

啊，是哪一国啊？

这一次，肯尼亚特别派出了七位女司机，到陕西接受专业的训练。

哇！也是女司机！

我想告诉你们，刚刚其实发生了一件意外，有人闯越平交道，造成火车必须中断驾驶几分钟。

虽然我很努力要将落下的时间补上，希望能把大家都准时送到车站，顺利上班，但是，我从凌晨两点就开始工作，很抱歉，我的体力真的没办法负荷……

没关系！我们了解了！

啪啪

啪啪

艾心博士小教室

为什么地铁不能像便利店那样 24 小时营运?

好困哦,昨天我没有搭地铁回家,开太空船还弄错方向,弄了好久才回到家。

怎么回事?你这么喜欢地铁,不是到哪里都要坐吗?

因为五月天演唱会太晚了,地铁就关门了嘛!为什么地铁不能开 24 小时呢?好想随时都能坐到地铁哦!

你想要累死司机喔,这样一直上班很累吧!

而且地铁跟火车的车体也要保养吧?

没错,像是台北地铁的营运时间从早上 6 点发首班车开始,至晚上 12 点发末班车结束。全部的车辆都会送机厂安排清洁及维修保养,像是淡水站末班车于晚上 12 点发车,抵达象山站约为翌日凌晨 1 点,后续进行营运列车收回机厂作业,实际上,到收车完成,已超过凌晨 1 点半了呢!

对啊,轨道还要进行磨轨呢,很忙的。

博士，像是那些开末班车的司机，下班时已经没有地铁或者公交车搭了，这时要怎么回家呢？

像是日本电车的末班车司机，下班时间大约是凌晨1点，他们通常不会回家，直接在电车的车库附近小睡一下，凌晨4点左右，再去车库将电车开出来上班。大陆有些地方会有通勤车把司机接送回家，不过时间上也不会太早就是了。

啥？这样我一定会打瞌睡啊！

怕司机太累，日本的夜班司机大概工作到上午就下班了。

好辛苦喔！像是每天要睡满8个小时的我，肯定是不能当司机了。

没办法啊，其实在世界各地当公共交通工具的司机，都要理解这个安排，抓紧时间休息，不然很难做得久呢！

你不睡满8个小时也不能当司机啊，你这个外星人！

我看你改叫宝宝猪好了，宝宝猪——

可恶！

前几天，我去开幕记者会当吉祥物，酬劳就是门票。

没想到你为了看火车展，还愿意做这种牺牲。

不过，你为什么给我两张。你不是已经看过了吗？

119

之字形轨道的秘密

博士，我想多知道一点关于阿里山之字形轨道的事情啊！

对啊，到底为什么要建成之字形，直直的不是比较省力吗？

一般而言，只有登山铁路的建造才会出现这种不一样的建造法。因为以前火车的动力有限，但是又需要火车爬山，在这种状况之下，想克服坡度阻力的问题，才发展出好几种不同的建造法。

也就是说，因为山的地形不同，而有不一样的设计方法啰！

是的，例如S形路线、回圈形路线、螺旋形路线、之字形折返路线等，有好多种登山铁路的建造法。不过呢，阿里山轨道的建造，以上几种都使用上了！

这么厉害！

像是 S 形路线与 180 度大弯，就是为了减少轨道的坡度而设计的。登山铁路在山谷或溪流间蜿蜒铺设，有时甚至要绕上一个 180 度大弯，以使海拔高度获得提升，不仅是阿里山，这是全球登山铁路中，最常见的建造法。

火车在爬坡时，为了减少坡度，在腹地不足之时，只好以一进一退，类似走楼梯的方式爬山，使海拔高度获得提升。一般而言，之字形路线会使编组运量与行车速度大受影响，只有不得已才会如此设计。

就是俗称"阿里山火车碰壁"的那个方法吗？

是的。之字形铁路也称 Z 形铁路，火车原本是以推进的方式从左侧铁道上山，停车之后转岔道，再从右侧铁道爬升上来，即所谓之字形铁路"分道"的原理。火车开至一折返点，就扳动转辙器倒退往另一个方向行驶，仿佛一个字母 Z 或"之"字，英文名为 Switch Back。

听说之前台风之后重建，阿里山森林铁路还推出了秘境车站，叫作对高岳站，可以让火车 180 度转弯，还能看见邹人的圣山塔山，号称视野最美的车站！

那还不预订火车票啊，说走就走！

上山下海溜冰，统统行！

无聊死了，我干吗跟康强尼比，我才不在乎咧。

真的太厉害了，怎么会上山下海溜冰统统都行，超帅的啦！

什么！连艾咪都觉得会爬山又会溜冰还会游泳很帅。

哦，那你们慢慢看。

这展览没我想象的特别，我先走了。

等等！霍华！

你走这么快干吗？你是不是有什么不高兴？

我没有。

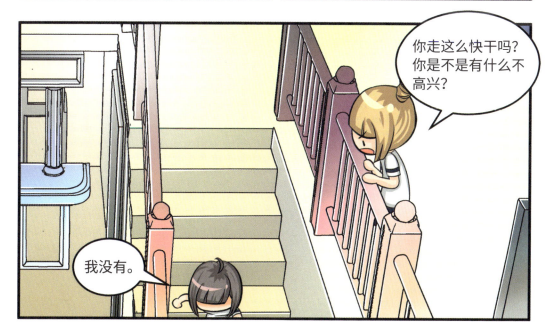

134

135

欧洲之星

143

艾心博士小教室

让人流口水的火车美食！

对了，坐火车或者地铁时可以吃东西吗？像是总司令规定，里不里都星太空船上只能吃太空食物，真希望里不里都星厨房可以开发出珍珠奶茶太空包。

你还真喜欢珍珠奶茶啊！

地铁上不能吃，不过一般火车跟高铁上都可以吃，毕竟路程遥远嘛！

我记得爸爸很喜欢吃台铁的排骨便当！另外上次我们去日本玩的时候，也吃过好多种铁路便当，听妈妈说叫作驿弁。

我也吃过几种，不过好像大部分便当都是冷的。

这你就不懂了，日本铁路便当最厉害的一点，在于每个地方都擅长用当地的特产来制作，让便当的种类多得眼花缭乱！像是山形县米泽站的铁路便当非常受欢迎，比方说，牛肉盖饭，牛肉用的是当地米泽牛，米饭用的是山形米。米泽牛、松坂牛和神户牛并称为日本三大牛种，油脂丰富，肉质细嫩。另外山形和秋田二县因地理条件，是日本的大米仓，米吃起来当然有嚼劲啦。

真的假的？！（流口水）

我还吃过很有特色的兵库县明石站的章鱼便当，因为明石市附近的淡路岛盛产章鱼。便当是一个咖啡色的陶壶，壶里放了大大的章鱼脚，吃完还可以把这个壶留下当纪念。

照片由 veroyamc 提供

可恶，欧洲的餐车是吃风景的，食物都没有特别好吃！博士，你吃过什么好吃的铁路便当吗？

嗯？我吗？便当吃起来不是都一样吗？可以吃饱就好了。

没想到万能的博士居然对吃的没感觉——太有趣啦！

149

怎么回事？我们真的来到日本了？！
天啊！这不就是2015年阪京大津线铁道娘痛火车？
看来你还真有两把刷子，一看就知道年份。
当然，那一年我跟我爸追了23列铁道娘痛火车！
你看！地域限定的钥匙圈跟印章！总共23个！
什么！你23个都收集齐全了，可恶，我输了。

住手！你们这么随便的自拍，真是侮辱了铁人28号。

认真魔人要生气了吗?

快点！我们一起学铁人28号拍照。

没想到，他也有这一面。

列车好老旧，也没什么人搭……

这就是铫子电铁差点停运的那一年。因为是私营的列车，乘客太少，就会被停掉。

157

为什么有些铁路会被废弃呢？

最近听到好多铁路废线的消息呢。

对啊，好可惜哦，像是前面讲的铫子电铁，还有台湾本地的深澳线、多良火车站等，难道台铁公司不知道那些废掉的路线和火车站，对我们这些喜欢铁道的人很重要？

应该是因为搭乘的人变少了吧？铁路公司也要讲求效益啊，如果一直赔钱，其他线路也会经营不下去的！

没错，通过废线废站，才能解决亏损和老化的问题。想要不废线，那要看那一条线有没有观光价值，像是深澳线，当初建铁路，是因为兴建火力发电厂的缘故：有人口，也需要运东西过去。现在发电厂要废弃了，那一条线没有了用处。

但是像是内湾线，原本沿途产业众多，有木材、石灰、水泥、樟脑的货运功用，并兼负内湾、竹东等地通勤。之后因为这些货物都靠进口，住在这里的人也变少，内湾线就面临转型，经过改造和观光设计之后，随着内湾萤火虫季、桐花季及客家文化体验的风潮兴起，人群才慢慢回来。

啊，对，我记得之前到内湾时看到大婶婆和野姜花粽子！那就是客家文化之一吗？

联想得很好哦！其实这是全世界都面临的状况：由于火车的性质改变，从工业革命的重大推动者以及主要的交通工具，变成只是交通工具之一。机动性不够好、速度慢、噪声大，许多人使用了更小型的汽车或者巴士代步，火车的身份慢慢有了转变。

好像是呢！很多市区之外的火车有了更多的旅游意义。坐火车不一定是追求速度，而是追求一种感觉。

不过那是市区以外的。许多大城市里面反而开始建设地铁或地面电车，因为小型车辆日渐增多，造成堵车和空气污染问题。所以，人口密度大的城市，电车或地铁也许才是交通的最佳选择！

连连看

小侦探们，把车子和名字连起来吧！

这一本里介绍了好多列车，你可以用照片里的线索把列车和名字起来吗？

新干线

和谐号

磁浮列车

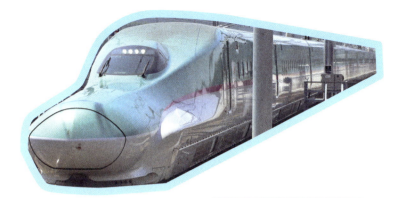

法国高铁 TGV
（Train Grande Vitesse）

德国高铁 ICE
（InterCity Express）

火车票
看懂我

小朋友，你
时候，会不
的信息，再
路，也不会

1. 小朋友，请你观察一下你的车票，并将车票上的**车种**圈起来。这是什么类型的车子呢？

```
2016.05.07    臺灣鐵路局  餐
自   強 T.C.Ltd Exp  218 次
台 北 Taipei  →花 蓮 Hualien
  10:10 開          12:20 到
2 車 18 號     Car. 2 Seat. 18
普悠瑪 Puyuma Exp

NT$440元
087427-0001-875  限當日當次車有效    11:06
```

2. 小朋友，请你将车票上的**出发站**和**到达站**圈起来。记得在听到车上广播到站点时，就该下车啰！

3. 小朋友，请你将车票上的**开车时间**和**到达时间**圈起来。记得要提前到月台上等车，才不会因为时间紧张而来不及哦！差不多要到达时，也可以先把东西收拾好，准备下车。

会自己搭火车吗？自己搭火车的
会害怕呢？如果搞懂火车票上面
加上看懂月台的路，就不容易迷
怕啰！

4. 对了，月台要怎么看
   呢？假如你搭的是
   13:04的车，你该到哪
   一个月台去搭车呢？

開往 DESTINATION		車次 TRAIN NO.	經由 VIA	車種 TYPE	開車時刻 DEPT. TIME	月台 PLAT.	備註 REMARKS	
					13:10	4A	準點	ON TIME
花蓮	HUA-LIEN	228	北迴線 NORTH LINK					DELAY 9 MIN.
基隆	KEE-LUNG	1204		區間車 Local train	13:04	4B	晚9分	
七堵	Qidu	506		莒光 CHU-KUANG	13:15	4A	晚5分	DELAY 5 MIN.
基隆	KEE-LUNG	1208		區間車 Local train	13:24	4B	準點	ON TIME
蘇澳	SU-AO	4190	宜蘭線 I-LAN LINE	區間車 Local train	13:34	4A	準點	ON TIME
基隆	KEE-LUNG	1212		區間車 Local train	13:44	4B	準點	ON TIME
七堵	Qidu	116		自強 TZE-CHIANG	13:53	4A	準點	ON TIME

开 行 列 車 時 刻 表　　　　北上 No

5. 请问这班车有没有准时
   到呢？如果没有，它晚
   了几分钟？

著作权合同登记号　图字01-2024-4116

本著作物原名：现代铁道大发现：给小学生的第一本火车科普书2
本著作物作者名：赖怡君 绘者名：米奇奇
©2018 文房文化事业有限公司
本书所有文字、图片和版式设计由台湾文房文化事业有限公司独家授权上海九久读书人文化实业有限公司在中国大陆地区出版、发行简体字版，未经文房文化事业有限公司授权，不得以任何形式复制或转载。

图书在版编目（CIP）数据

现代铁道大发现 / 赖怡君著；米奇奇绘. -- 北京：
人民文学出版社, 2025. -- (漫画火车小百科).
ISBN 978-7-02-019208-3
Ⅰ. U23-49
中国国家版本馆CIP数据核字第20252461RG号

责任编辑　　卜艳冰　　吕昱雯
装帧设计　　李苗苗　　朱晓吟

出版发行　人民文学出版社
社　　　址　北京市朝内大街166号
邮政编码　100705

印　　制　安徽新华印刷股份有限公司
经　　销　全国新华书店等

字　　数　30千字
开　　本　700毫米×1000毫米 1/16
印　　张　11
版　　次　2025年5月北京第1版
印　　次　2025年5月第1次印刷
书　　号　978-7-02-019208-3
定　　价　59.00元

如有印装质量问题，请与本社图书销售中心调换。电话：010-65233595